NOUVELLE MÉTHODE

POUR DRESSER

LES JEUNES CHEVAUX.

NOUVELLE MÉTHODE

PROVISOIRE

APPROUVÉE PAR LE MINISTRE DE LA GUERRE,

pour dresser

LES JEUNES CHEVAUX,

D'APRÈS LES PRINCIPES D'ÉQUITATION DE

M. Baucher.

A LUNÉVILLE,

CHEZ PIGNATEL, IMPRIMEUR.

Juillet 1842.

NOUVELLE MÉTHODE

PROVISOIRE

Approuvée par le Ministre de la Guerre,

POUR DRESSER

LES JEUNES CHEVAUX,

d'après les principes d'équitation de

M. BAUCHER.

Les chevaux de remonte ne seront pas montés immédiatement après leur arrivée au corps ; ils sont seulement promenés en main par des cavaliers montés sur des chevaux faits. Si l'on est en hiver, on choisit, pour cette promenade, le moment le moins froid de la journée. On a l'attention de les tenir en main tantôt à droite, tantôt à gauche.

Lorsque les chevaux sont bien remis des fatigues de la route, on les monte pour les promener. Ces promenades se font au pas, les cavaliers n'exigeant de leurs chevaux que de suivre ceux qui les précèdent dans la colonne.

Les chevaux ainsi habitués à supporter le poids du cavalier, on les accoutume dans les écuries à se laisser seller, lever le pied, frapper sur le fer, etc., etc. ; observant si un cheval fait des difficultés, d'user toujours de douceur pour le guérir de son inquiétude.

L'ordonnance du 2 Novembre 1833, sur le service intérieur, prescrit de ne commencer l'instruction des jeunes chevaux qu'un mois au moins après leur arrivée au corps. Bien que le nouveau mode d'instruction puisse rendre l'application de ces principes moins rigoureusement nécessaire ; il ne devra cependant pas y être dérogé, à moins de circonstances particulières. Ce laps de temps est en effet nécessaire, soit pour remettre les chevaux des fatigues de la route, les acclimater et les faire à leur nouveau régime, soit pour les laisser se familiariser avec leurs cavaliers, soit enfin pour donner à l'observation le temps de se fixer, et préparer ainsi à chaque cheval des soins entendus et raisonnés.

Ce délai expiré, on pourra *de suite* et sans inconvénient, soumettre les jeunes chevaux à l'instruction détaillée ci-après, en ayant soin de la graduer suivant l'âge, la force et l'état de santé.

DIVISION DES LEÇONS.

PREMIÈRE LEÇON.

PREMIÈRE PARTIE.

Travail en place, le cavalier à pied.

1° Flexions de la mâchoire, à droite et à gauche, avec le mors de la bride ;

2° Flexions perpendiculaires ou affaissements de l'encolure ;

3° Flexions latérales de l'encolure avec les rênes du filet et celles de la bride.

Leçon du montoir. Travail en place , le cavalier d cheval.

1° Flexions latérales de l'encolure avec les rênes du filet et celles de la bride ;

2° Flexions directes de la tête, ou ramener avec les rênes du filet et celles de la bride ;

3° Flexions latérales de la croupe.

DEUXIÈME PARTIE.

Répétitions des assouplissements ou flexions.
Marcher au pas sur des lignes droites.
Changement de main.
Premiers principes du reculer.

DEUXIÈME LEÇON.

PREMIÈRE PARTIE.

Continuation des assouplissements.
Rotation de la croupe autour des épaules.
De l'emploi des forces du cheval par le cavalier.
Marcher au pas.
Marcher au trot.
Changement de direction dans la longueur, dans la largeur et diagonale.
Marche circulaire.
Changement de main sur le cercle.

DEUXIÈME PARTIE.

Répétition des assouplissements avec plus d'exigence dans le reculer.

Mobilisation des épaules autour des hanches.

Répétition des mouvements de la première partie , en exigeant plus de précision et de régularité.

Travail au pas sur deux pistes.

TROISIÈME LEÇON.

PREMIÈRE PARTIE.

Continuation des assouplissements en place.
Répétition des mouvements principaux de la deuxième leçon.
Travail sur deux pistes, en partant de pied ferme et arrêter.
Travail au galop sur la ligne droite.
Changement de pied.

DEUXIÈME PARTIE.

Travail au galop en cercle.
Changement de main sur le cercle.
Travail en reprise par des indications.
Saut du fossé.
Saut de la barrière.

QUATRIÈME LEÇON.

PREMIÈRE PARTIE.

Travail de la troisième leçon avec le sabre seulement.
Même travail avec toutes les armes.
Habituer les chevaux au bruit de guerre.

DEUXIÈME PARTIE.

Réunion de jeunes chevaux en peloton.

GRADATION DU TRAVAIL.

Ire Leçon....	1re *partie* : 4 jours — deux leçons d'une 1/2 heure chaque jour. 2e *partie* : 4 jours — huit leçons *idem.*	8 jours, 16 leçons.
IIe Leçon...	1re *partie* : 8 jours — seize leçons *idem.* 2e *partie* : 7 jours — quatorze leçons *idem.*	15 jours, 30 leçons.
IIIe Leçon...	1re *partie* : 6 jours — douze leçons *idem.* 2e *partie* : 6 jours — douze leçons *idem.*	12 jours, 24 leçons.
IVe Leçon...	1re *partie* : 5 jours — cinq leçons *idem.* 2e *partie* : 5 jours — cinq leçons *idem.*	10 jours, 10 leçons

45 jours, 80 leçons.

CONSIDÉRATIONS GÉNÉRALES SUR LA DIVISION ET LA GRADATION DES LEÇONS.

Gradation de l'instruction.

Le nombre de journées de travail indiqué ici pour chaque leçon peut facilement être diminué; la fixation ci-dessus ne s'applique qu'aux chevaux les moins dociles et dont la nature est rebelle et la conformation vicieuse. Trente-cinq journées de travail peuvent, à la rigueur, suffire pour dresser un cheval bien conformé.

PREMIÈRE LEÇON.

Les limites de cette leçon sont tracées par les principes mêmes de la nouvelle méthode. Sa division découle naturellement du temps que l'on doit mettre aux assouplissements de l'avant-main et à ceux de l'arrière-main.

Assouplir successivement toutes les parties du corps du cheval, combattre ses résistances, annuler ses défenses, s'emparer de toutes ses forces instinctives ; le mettre, en un mot, dans la dépendance complète, absolue du cavalier, pour qu'il le dirige à son gré par des forces transmises ; voilà la base, le fond de la méthode : c'est ce que l'on peut appeler l'art de dresser le cheval.

Le travail en place, par lequel on obtient les assouplissements, qui concentre et développe sans effort l'intelligence du cheval, et le façonne rapidement et sans fatigue aucune à l'obéissance. C'est là le prélude indispensable et essentiel d'une bonne instruction ; car l'on est bien sûr de regagner avec usure le temps que l'on aura employé à cette première leçon , qui doit avoir une grande influence sur le reste du travail.

Le travail en place, dans lequel se trouve aussi la leçon du montoir, est trop importante pour ne pas lui consacrer toute la première leçon. Si, après les premiers exercices des assouplissements, on prescrit de faire marcher le cheval droit devant lui au pas, ce n'est que comme délassement, comme premier essai de ses forces, ayant soin d'éviter de les rechercher, et de ne s'appliquer qu'à amener ou maintenir la tête dans la position du ramener.

Les·leçons doivent être courtes, pour ne pas dégoûter ou fatiguer le cheval, et pour faciliter son intelligence ; on les répétera deux fois par jour, jusqu'à ce que l'instruction soit assez avancée.

Le changement de main n'a, également, d'autre but que de faire marcher le cheval autant à main droite qu'à main gauche.

Il a fallu aussi, dès cette première leçon, apprendre au cavalier l'usage qu'il serait appelé à faire de l'éperon dans tout le cours de l'instruction de son cheval ; car, dans la méthode qu'il va mettre en pratique, l'éperon ne sera plus pour lui seulement un moyen exceptionnel de châtiment, mais bien plutôt un aide indispensable, un auxiliaire puissant et fréquent dans l'action de ses jambes.

A la fin de la première leçon le cheval est ébauché ; il a compris son cavalier ; ils se connaissent tous deux.

DEUXIÈME LEÇON.

Cette leçon, comme toutes les autres, doit commencer par les assouplissements en place. Seulement, à mesure que le cheval fait des progrès dans cette partie de son instruction, l'on diminue l'espace de temps qu'on y a consacré.

Dans la première leçon, l'on n'avait fait exécuter que des flexions latérales de la croupe ; ici on devra augmenter sa mobilisation, jusqu'à décrire un tour entier autour des épaules.

Le travail de pied ferme a mis en quelque sorte les forces du cheval à la disposition du cavalier. L'objet de la deuxième leçon doit donc être de régler leur emploi, de les harmoniser, et, par de légères oppositions de mains et de jambes, de préparer le cheval aux effets d'ensemble ; mettre en rapport l'avant ou l'arrière-main et donner de la régularité aux allures.

Les changemens de direction seront exécutés avec précision et suivant un nouveau principe puisé dans la nature même du mouvement et les lois de l'équilibre.

Si dans la première partie de cette leçon on a été plus exigeant pour la mobilisation des hanches ; de même, dans la deuxième partie, on le sera également pour le reculer. Là, aussi, toutes les exigences seront poussées plus loin pour les mouvemens et la conduite du cheval. Le travail individuel achèvera de confirmer le cheval dans l'obéissance aux aides. Ce genre d'exercice offrira infailliblement de l'intérêt au cavalier ; son intelligence équestre se développera ; il étudiera mieux ses moyens d'action sur le cheval. Cette bonne pratique l'amènera à se rendre compte de ses impressions ; il saura que c'est par le raisonnement et non par des moyens de violence que l'on doit dresser et conduire un cheval : il apprendra que chaque mouvement du cheval doit être la conséquence d'une position qui n'est elle-même produite que par une force transmise : il comprendra que le cheval, ne disposant plus de ses facultés, ne peut être fautif que par un mauvais emploi de ses forces par le cavalier. Dès-lors, plus de moyens coercitifs pour châtier ce qu'on appelle la désobéissance ou la méchanceté. C'est en parlant à l'intelligence du cheval que le cavalier lui fera comprendre que de sa soumission ou de sa résistance, découleront, pour lui, le bien-être, les récompenses, ou la contrainte et la douleur.

Les mouvements de la deuxième partie sont, à peu près, ceux indiqués dans l'ordonnance, en substituant toutefois de simples indications aux commandements.

TROISIÈME LEÇON.

A la fin de la deuxième leçon, l'éducation du cheval peut, en quelque sorte, être considérée comme faite, et, en cas d'urgence, il pourrait être mis dans le rang. En effet, au bout de ce temps, le cavalier est déjà tellement maître des forces de son cheval, de sa position, de ses mouvements, que le travail du galop devient un jeu, et mieux encore les pas de côté auxquels le cheval s'est habitué naturellement par les flexions et la mobilisation de la croupe.

Cette leçon est le complément de l'instruction du cheval ; il y est façonné et perfectionné dans tous les

mouvements aux trois allures. Lorsque le galop a été
bien réglé, le changement de pied, action qui, dans
le travail militaire, a plus d'importance qu'on ne lui
en a accordé jusqu'à présent, s'exécute facilement et
avec précision. L'on conçoit que, puisque le cheval ne
doit disposer d'aucune de ses forces instinctives et n'exécuter aucun mouvement qui ne soit provoqué par la
volonté du cavalier, il a été nécessaire d'aborder la
difficulté du changement de pied dans le travail au
galop, le cheval de troupe étant fréquemment soumis
à la nécessité de ce mouvement dans le travail militaire ; et, d'ailleurs, cette difficulté n'en étant plus réel-
lement une d'après le nouveau système d'éducation.

Le travail en reprise, par des indications, est un
acheminement à l'exécution de la quatrième leçon.

Le saut du fossé et celui de la barrière sont placés
à la fin de la troisième leçon, parceque, pour le cavalier comme pour le cheval, il vaut mieux compléter
l'instruction avant de compliquer la difficulté par les
armes et le paquetage.

QUATRIÈME LEÇON.

Cette leçon rentre dans le domaine de l'ordonnance,
et, pour son exécution, on doit se conformer à sa progression. Cependant cette leçon doit être abrégée, et il
n'est pas indispensable de s'astreindre à l'exécution de
tous les mouvements de l'ordonnance ; le but essentiel
est d'habituer le cheval à la pression du rang, à la présence, au bruit et au maniement des armes, ainsi qu'aux
bruits de guerre.

Le cheval dressé doit être docile au montoir, marcher sur la ligne droite et sur la ligne circulaire à toutes les allures ; reculer, faire des pas de côté, changer de pied au galop, sauter le fossé et la barrière ; ne s'effrayer ni du feu ni d'aucun bruit de guerre ; endurer la pression du rang, et marcher isolément ou réuni aux autres chevaux avec facilité. Toutes ces conditions devront être remplies à la fin de la quatrième leçon, et il aura suffi pour cela de trente-cinq à quarante-cinq jours de leçons. Au bout de six semaines au plus, le cheval instruit par la méthode qui va être détaillée, peut être mis dans les rangs.

PREMIÈRE LEÇON.

PREMIÈRE PARTIE.

Travail en place, le cavalier à pied.

1° Flexions de la mâchoire, à droite et à gauche, avec le mors de la bride ;

2° Flexions perpendiculaires ou affaissement de l'encolure ;

3° Flexions latérales de l'encolure avec les rênes du filet et celles de la bride.

Leçon du montoir. Travail en place, le cavalier à cheval.

1° Flexions latérales de l'encolure avec les rênes du filet et celles de la bride ;

2° Flexions directes de la tête, ou ramener avec les rênes du filet et celles de la bride ;

3° Flexions latérales de la croupe.

DEUXIÈME PARTIE.

Répétitions des assouplissements ou flexions.
Marcher au pas sur des lignes droites.
Changement de main.
Premiers principes du reculer.

PREMIÈRE PARTIE.

Les cavaliers sont en bonnet de police, veste d'écurie, bottes éperonnées.

Les chevaux sont sellés et bridés.

Chaque cheval est confié à un cavalier instruit.

Le même instructeur ne doit pas avoir plus de six cavaliers.

Les chevaux sont conduits en main au manége ou sur le terrain, et placés sur la même ligne, à trois mètres d'intervalle ; les rênes passées sur l'encolure, le bouton coulant au bout des rênes. Les rênes du filet sont allongées de toute leur longueur, jusqu'à la première partie de la troisième leçon inclusivement.

Nota. On ne prétend pas faire une règle absolue de l'exécution des flexions ou mouvements à une indication. C'est seulement pour établir une base, une théorie régulière, mais qui est modifiée selon le cas et suivant les résistances que le cheval présente, suivant ses moyens et son intelligence. Ainsi, tel cheval a besoin d'être tenu plus longtemps sur une flexion, tandis que tel autre cédera plus facilement ; l'un se défendra plus à gauche qu'à droite, etc. L'emploi des moyens est donc laissé au discernement de l'instructeur et du cavalier ; et, on le répète, la progression théorique n'est indiquée que comme règle générale.

TRAVAIL EN PLACE, LE CAVALIER A PIED.

Flexions de la mâchoire.

A l'indication: *Flexions de la mâchoire*, se placer, pour la flexion à droite, près de l'épaule gauche du cheval, le corps droit et ferme, les pieds un peu écartés pour assurer sa base et se mettre à même de lutter avec avantage contre toutes les résistances; saisir la rêne droite de la bride avec la main droite à seize centimètres de la branche du mors, et la rêne gauche avec la main gauche, à six centimètres de la branche gauche; rapprocher la main droite du corps en éloignant la main gauche, de manière à contourner, pour ainsi dire, le mors dans la bouche du cheval; graduer et proportionner la force à la résistance, ayant soin de ne pas débuter par un mouvement brusque et trop fort, afin de ne pas étonner le cheval, le surprendre et provoquer une vive résistance.

Si le cheval résiste en place, ou s'il recule, pour éviter la contrainte ou la douleur, continuer l'opposition des mains jusqu'à ce qu'il cède.

Le cheval, *en mâchant son mors*, constatera *la mise en main* et sa parfaite soumission. Pour le récompenser, lâcher immédiatement les rênes et lui permettre de reprendre sa position.

La flexion à gauche s'exécute suivant le même principe et par les moyens inverses.

Il faut avoir soin de passer alternativement de l'une à l'autre.

Les flexions de la mâchoire ont pour résultat d'assouplir les muscles de la mâchoire inférieure et de s'oppo-

ser à leur contraction ; elles procurent aussi une écono-
mie de temps en entraînant la flexion de l'encolure.

L'opposition des mains doit s'engager sans à-coup,
diminuer ou augmenter son effet en proportion de la
résistance, de manière à la dominer sans la forcer, et ne
plus cesser jusqu'à parfaite obéissance.

Affaissement de l'encolure.

A l'indication : *Affaissement de l'encolure*, se placer
comme pour la flexion à droite de la mâchoire ; saisir les
rênes du filet avec la main gauche, à six ou huit pouces
des anneaux, les rênes du filet passant entre celles de la
bride ; prendre avec la main droite les rênes de la bride
à deux ou trois pouces du mors; faire opposition des
deux mains en opérant l'affaissement avec la main gauche et la *mise en main* avec la droite.

Le cheval constatant la cession par l'action de *mâcher
son frein*, rendre complétement des deux mains.

Répéter plusieurs fois de suite l'affaissement, jusqu'à
ce que le cheval cède à une légère action.

Flexions latérales de l'encolure avec le filet.

A l'indication : *Flexions latérales de l'encolure avec
le filet*, se placer, pour la flexion à droite, près de l'épaule
gauche du cheval, comme pour les flexions de la mâchoire ; saisir la rêne droite du filet avec la main droite,
la tenir en l'appuyant sur l'encolure pour établir un
point d'appui intermédiaire entre l'impulsion de la main
et la résistance que présente le cheval; soutenir la rêne
gauche avec la main gauche, à trente-trois centimètres
du mors. Dès que le cheval cherche à éviter la tension

constante de la rêne droite, en inclinant sa tête à droite, laisser glisser la rêne gauche, afin de ne présenter aucune opposition à la flexion de l'encolure. Cette rêne gauche doit soutenir, par une succession de petites tensions spontanées, chaque fois que le cheval cherche à se soustraire, par la croupe, à l'assujettissement de la rêne droite.

La tête et l'encolure ayant complétement cédé à droite, donner une égale tension aux deux rênes, pour placer la tête perpendiculairement.

Le cheval constatant par l'action de *mâcher son frein*, l'absence de toute raideur, cesser la tension des rênes en évitant que la tête ne profite de ce moment d'abandon pour se replacer brusquement. Dans ce cas, soutenir de la rêne droite pour la contenir. Après avoir maintenu quelques secondes le cheval dans cette attitude, le remettre en place pour la rêne gauche.

Dans aucun mouvement le cheval ne doit prendre l'initiative.

La flexion à gauche s'exécute suivant les mêmes principes que celle à droite et par les moyens inverses.

Flexions latérales de l'encolure avec la bride.

A l'indication : *Flexions latérales de l'encolure avec la bride*, exécuter avec la bride les mêmes flexions qu'avec le filet, en suivant les mêmes principes et procédant encore avec plus d'attention, de soins et de légéreté ; le mors de la bride ayant plus d'action que celui du filet.

On ne doit passer aux flexions avec la bride que lorsque le cheval cède complétement à l'action du filet.

Pendant le travail en place, il faut faire de courts et fréquents repos.

LEÇON DU MONTOIR.

La leçon du montoir se donne cheval par cheval, l'instructeur le contenant avec les rênes de la bride ou avec un caveçon s'il présente trop de difficultés. Le cavalier caresse le cheval pour lui donner de la confiance, met le pied à l'étrier avec précaution, s'enlève sans à-coup, arrive très-légèrement en selle et le caresse encore; à mesure que le cheval montre plus de calme, le cavalier reste plus longtemps sur l'étrier, et successivement monte à cheval et met pied à terre du côté gauche et du côté droit, afin d'augmenter de plus en plus la soumission du cheval.

Quand le cheval supporte bien le cavalier, on commence les flexions à cheval.

TRAVAIL EN PLACE, LE CAVALIER A CHEVAL.

Flexions latérales de l'encolure avec le filet.

A l'indication : *Flexions latérales de l'encolure avec le filet*, prendre, pour la flexion à droite, une rêne de filet dans chaque main, la gauche sentant à peine l'appui du mors; la droite, au contraire, donnant une impression modérée d'abord, mais augmentant en proportion de la résistance du cheval, et de manière à la dominer toujours. Le cheval, pour éviter la douleur que lui fait éprouver le mors, doit incliner la tête. Aussitôt la tête du cheval ramenée à droite, former opposition avec la rêne gauche, de manière que le nez du cheval ne soit pas plus près du genou du cavalier que le front.

Le cheval ayant cédé, ramener la tête à sa position par une légère tension de la rêne gauche.

La flexion à gauche s'exécute suivant le même principe que celle à droite et par les moyens inverses.

On doit apporter une grande importance à ce que la tête du cheval reste toujours perpendiculaire au sol, la flexion sans cela étant imparfaite et la souplesse incomplète.

Flexions latérales de l'encolure avec la bride.

A l'indication : *Flexions latérales de l'encolure avec la bride*, exécuter avec la bride les mêmes flexions qu'avec le filet, en suivant les mêmes principes.

Lorsque les flexions latérales s'obtiennent sans résistance, le cavalier les répète fréquemment, même lorsque l'éducation du cheval est terminée, pour entretenir le liant et faciliter la mise en main.

Flexions directes de la tête et de l'encolure, ou ramener avec le filet.

A l'indication : *Mise en main avec le filet*, prendre les rênes du filet dans la main gauche, comme celles de la bride; appuyer la main droite *de champ* sur les rênes en avant de la main gauche, afin de lui donner une plus grande puissance; faire sentir progressivement l'appui du mors; tenir les jambes près, afin de maintenir le corps immobile et pour que le cheval ne cède que de l'encolure, la main ne présentant jamais qu'une force proportionnée à la résistance seule de l'encolure.

2.

Le cheval ayant obéi, soulever aussitôt la main droite et diminuer la tension des rênes pour le récompenser, répéter la mise en main jusqu'à ce que le cheval cède assez facilement.

Flexions directes de la tête et de l'encolure avec la bride.

A l'indication : *Mise en main avec la bride*, placer la main de la bride comme le prescrit l'ordonnance, le bouton coulant toujours au bout des rênes ; tendre les rênes pour ramener la tête perpendiculairement au sol ; le cheval cédant à l'action de la main et mâchant son frein, cesser la tension des rênes, mais de manière à retenir toujours la tête dans la position verticale ; se servir des jambes comme il a été dit pour la mise en main avec le filet.

On ne doit faire arriver que progressivement la tête à la position verticale, et ne pas se laisser tromper par les feintes du cheval, qui consistent dans un quart ou un tiers de cession, suivis de bégaiements.

Si, dans le principe, on permet au cheval de reprendre sa position naturelle, ce sera pour ramener de nouveau la tête et faire comprendre au cheval que l'attitude perpendiculaire est la seule qui lui soit permise lorsqu'il est monté.

Dès qu'un léger appui de la main suffit pour amener et maintenir la tête dans la position perpendiculaire, l'assouplissement est complet, la contraction détruite, la légèreté et l'équilibre rétablis dans l'avant-main.

Flexions latérales de la croupe.

Les rênes de la bride étant dans la main gauche, et celles du filet dans les deux mains, les ongles en dessous, à l'indication : *Flexions latérales de la croupe*, mettre le cheval dans la main ; fermer la jambe gauche en arrière des sangles, pour la flexion à droite, en soutenant de la rêne gauche du filet pour faire opposition, et l'y fixer jusqu'à ce que la croupe cède à la pression, la jambe droite près pour éviter tout mouvement rétrograde.

Dès que le cheval aura obéi, rendre et relâcher les jambes.

La flexion de la croupe à gauche s'exécute suivant les mêmes principes que celle à droite et par les moyens inverses.

La rêne combat la résistance du cheval et doit cesser son action aussitôt que le cheval obéit. La jambe gauche détermine le mouvement de la croupe, la jambe droite le régularise.

Dans le principe, on ne doit faire exécuter à la croupe qu'un ou deux pas de côté seulement ; en exigeant davantage, on pourrait provoquer de vives résistances toujours difficiles à combattre.

Les jambes ne doivent jamais agir par à-coup, mais être toujours soutenues avec assez de force pour qu'aucun mouvement du cheval ne les déplace jamais et qu'elles puissent constamment les dominer.

Il faut continuer les flexions jusqu'à ce que le cheval cède facilement à la jambe, mais sans faire plus de deux pas.

L'instructeur, dans les commencements, se place à la hauteur de la tête du cheval, tenant la rêne de la bride du côté opposé à celui où se porte la croupe, afin de mieux combattre la résistance.

DEUXIÈME PARTIE.

Répéter les assouplissements de l'avant et de l'arrière-main, en exigeant plus de régularité.

Marcher au pas sur des lignes droites.

A l'indication : *Préparez-vous pour marcher au pas*, s'assurer si le cheval est léger, c'est-à-dire si sa tête est perpendiculaire, son encolure liante, sa croupe droite et d'aplomb.

A l'indication : *Marchez*, fermer légèrement les jambes, pour donner au corps du cheval l'impulsion nécessaire à son mouvement, en conservant la main bien assurée, afin que ses effets ne soient pas impuissants, et que l'encolure reste légère.

Si le cheval résiste, fermer les jambes jusqu'à ce qu'il cède, en proportionnant la force à la résistance ; faire au besoin sentir l'éperon, qui, dans ce cas, n'est considéré que comme un degré d'aide.

Pour faire usage de l'éperon, la pression des jambes étant insuffisante, maintenir les jambes dans leur plus grande puissance, et, par un mouvement instantané du pied, appliquer l'éperon légèrement d'abord, répéter ce mouvement en augmentant sa force jusqu'à ce que le cheval cède.

Le cheval étant en mouvement, lui donner de la liberté, la tête toujours maintenue dans la position du ramener ; tenir les jambes près.

Le cavalier doit se rappeler que sa main est pour le cheval une barrière infranchissable chaque fois que celui-ci veut sortir de la position du ramener. En dedans de cette limite il n'y a qu'aisance et bien-être ; en dehors, douleur et gêne.

Les premiers exercices des assouplissements, qui sont la base de cette leçon et qui ont pour objet de mettre les forces du cheval à la disposition du cavalier, sont suivis de quelques tours de manége au pas, mais seulement comme délassement. Le cavalier s'applique moins à rechercher son cheval qu'à maintenir sa tête, pendant la marche, dans la position du ramener : peu à peu il complique son travail, de manière à joindre à la légèreté du cheval la justesse et la régularité indispensables à toutes les allures ; mais on n'arrive à ces exigences qu'à la deuxième leçon.

Les premières fois que l'on fait marcher le cheval, le cavalier le conduit avec le filet, la main droite tenant la rêne droite et la main gauche la rêne gauche, en même temps que celles de la bride qui sont flottantes. En conduisant ainsi le cheval, il est plus facile de combattre ses résistances, et lui donner plus vite les positions que comportent ces mouvements.

Après quelques tours de manége l'instructeur fait arrêter.

A l'indication : *Arrêtez*, fermer les jambes pour contenir l'arrière-main et fixer le corps de manière qu'il ne cède qu'après l'encolure ; augmenter la tension des rênes jusqu'à ce que le cheval obéisse.

Le cheval ayant obéi, replacer la main et relâcher les jambes.

Si le cavalier ne fermait pas préalablement les jambes, le corps obéirait d'abord à l'impulsion de la main, et tout son poids refluant sur l'arrière-main, il serait rejeté

en avant par les jarrets qui resteraient éloignés et en arrière de la ligne d'aplomb ; l'encolure se raidirait et il
en résulterait une secousse violente pour le cavalier,
pénible pour le cheval et nuisible à son organisation.
Ainsi, en annulant d'abord la détente des jarets par
l'action des jambes, l'arrêt devient facile, même dans
la plus grande vitesse. Les fonctions de la main se ré-
duisent au soutien ou à une simple indication pour arrêter l'impulsion et maintenir la tête et l'encolure.

Changement de main (avec le filet).

A l'indication : *Changez de main*, pour tourner à
droite, déterminer la tête du cheval à droite, en dé-
tachant un peu la rêne droite du filet ; fermer la jambe
gauche en soutenant de la droite pour faire pivoter
l'arrière-main sur la jambe droite, pendant que la jambe
gauche et celle de devant décrivent un arc de cercle
plus ou moins étendu : le cheval arrivant dans la nouvelle direction, le porter en avant.

Pour tourner à gauche, mêmes principes que pour
tourner à droite et moyens inverses.

On prévient les résistances du cheval en disposant ses
forces de manière à ce que toutes concourent à le placer
dans le sens du mouvement.

Changement de main (avec la bride).

Pour tourner avec la bride seule on emploie les
mêmes principes qu'avec le filet, à l'exception cependant que la main gauche détermine la tête sur l'arc de
cercle en se portant à droite ou à gauche, suivant le
côté vers lequel on veut tourner ; et, comme la tête doit

constamment précéder le mouvement, on amène le cheval à obéir à la bride seule, en se servant d'une légère tension du filet, que l'on supprime quand le cheval a compris.

Premiers principes du reculer.

A l'indication : *Préparez-vous pour reculer*, s'assurer si les hanches sont sur la même ligne que les épaules.

A l'indication : *Reculez*, fermer les jambes pour mobiliser l'arrière-main, et rapprocher la main du corps pour donner aux forces une impulsion d'avant en arrière. Dès que le cheval obéit, rendre immédiatement la main, et relâcher les jambes pour le récompenser ; continuer le mouvement en renouvelant les mêmes actions à chaque pas. Si la croupe se déplace, la ramener, à l'aide de la jambe, du côté où elle se jette, employant au besoin la rêne du filet ou de la bride du même côté.

A l'indication : *Arrêtez*, augmenter l'effet des jambes et cesser l'action de la main, sans permettre au cheval de sortir du *ramener*.

La première condition, pour obtenir le *reculer*, est de conserver le cheval dans la main, c'est-à-dire, souple, léger du devant, d'aplomb, équilibré, enfin, dans toutes ses parties ; faire primer les forces du devant sur celles du derrière ; pour cela, les ramener le plus près possible du milieu du corps, en formant, avec le secours des jambes, l'opposition convenable.

Il ne faut pas confondre le reculer avec l'acculement, qui n'est qu'une impulsion rétroactive qui porte le cheval en arrière avec la croupe contractée et l'encolure tendue. Ce mouvement est pénible pour le cheval et contraire à son organisation ; les forces sont refoulées sur les parties postérieures, l'équilibre est compromis, la justesse, la régularité impossibles.

Le reculer est assez pénible les premières fois pour le cheval ; il le dispose souvent à combattre les effets de main par la raideur de l'encolure et les effets de jambes par la contraction de la croupe. L'assouplissement de cesdiverses parties prévient des brusqueries et des violences, de la part du cavalier, qu'il est si essentiel d'éviter.

Il faut que les jambes du cavalier précèdent l'effet de la main, pour que l'action qu'elles communiquent à l'arrière-main fasse quitter le sol à une des deux jambes postérieures ; c'est alors que la pression immédiate du mors, forçant le cheval à reprendre son équilibre en arrière, amène le résultat désiré. On se contente d'abord d'un seul pas, puis de deux ; mais on n'en demande jamais d'autres que par l'emploi des mêmes moyens.

A la fin du travail, faire mettre pied à terre individuellement, en ayant soin de ne jamais quitter un cheval sur une résistance, et avant qu'il n'ait cédé complètement.

Si on est éloigné des écuries, on renvoie les chevaux en file ou par deux ; ils sont conduits de manière à ne pas perdre le fruit de la leçon.

DEUXIÈME LEÇON.

PREMIÈRE PARTIE.

Continuation des assouplissements.
Rotation de la croupe autour des épaules.

De l'emploi des forces du cheval par le cavalier.

Marcher au pas.

Marcher au trot.

Changement de direction dans la longueur, dans la largeur et diagonale.

Marche circulaire.

Changement de main sur le cercle.

DEUXIÈME PARTIE.

Répétition des assouplissements avec plus d'exigence dans le reculer.

Mobilisation des épaules autour des hanches.

Répétition des mouvements de la première partio, en exigeant plus de précision et de régularité.

Travail au pas sur deux pistes.

PREMIÈRE PARTIE.

La tenue des cavaliers est la même que pour la première leçon.

Les chevaux sont également harnachés comme dans cette leçon et placés de même en arrivant sur le terrain.

On peut réunir jusqu'à douze cavaliers.

Répéter les assouplissements avec progression, mais en insistant sur les flexions obtenues avec le plus de difficultés.

Faire faire quelques tours de manége pour préparer les chevaux, les replacer ensuite.

Rotation de la croupe autour des épaules.

A l'indication : *Rotation de la croupe autour des épaules*, exécuter ce qui a été prescrit pour la *flexion latérale de la croupe à droite*, en observant de continuer l'action des aides jusqu'à ce que le cercle soit complet.

Pour arrêter, relâcher la jambe gauche, en soutenant de la droite, et rendre au cheval.

La rotation de la croupe à gauche s'exécute suivant les mêmes principes que celle à droite et par les moyens inverses.

Il faut arrêter deux ou trois fois sur la circonférence, et n'exécuter le tour entier, sans arrêter, que lorsque le cheval a compris.

On ne doit jamais passer de la rotation à droite à celle à gauche et réciproquement, sans arrêter, afin de pouvoir changer sans confusion ses moyens d'aide.

La jambe du cavalier, opposée à celle qui détermine le mouvement de la croupe, ne doit pas rester inerte, mais se tenir près du cheval et le contenir en place, en donnant d'arrière en avant une impulsion que l'autre communique de droite à gauche ou de gauche à droite.

Il y a ainsi une force qui maintient le cheval en position, et une autre qui détermine la rotation.

La rotation complète des hanches autour des épaules doit s'obtenir avec la main de la bride ; mais si le cheval résiste à la jambe, il faut avoir recours à la rêne du filet plutôt qu'à l'éperon pour combattre la résistance.

Le cavalier ne doit jamais précipiter ses actions, afin de ne pas compromettre l'équilibre du cheval et s'éloigner de la précision.

DE L'EMPLOI DES FORCES DU CHEVAL PAR LE CAVALIER.

C'est dans ce titre que se résume toute l'équitation, puisque tous les mouvements possibles ne sont autre chose que la volonté du cavalier mise en action sur le cheval, par la combinaison et la transmission des forces. Les chevaux ne sont donc que des instruments intelligents, différant entre eux par le caractère et la constitution physique ; mais que le tact et le raisonnement permettent de diriger avec justesse, précision et régularité, lorsque tous les ressorts ont été bien harmonisés.

DU PAS.

Les principes du pas ont été donnés à la première leçon, où l'on doit déjà faire marcher le cheval comme délassement.

Le cavalier a dû borner alors ses exigences ; ici il doit les pousser plus loin et régulariser l'allure dont doit découler, pour ainsi dire, l'harmonie de toutes les autres.

En réglant le pas, allure qui a la plus grande influence sur le dressage des chevaux, on veille surtout à la mise en main, d'où résulte la légèreté.

Le cavalier arrête ou fait repartir souvent le cheval en le maintenant bien droit et combattant, avec le filet, la bride ou les jambes, toutes les contractions qui pourraient se manifester dans l'encolure et les hanches.

On fait allonger ou ralentir le pas d'après les principes donnés pour marcher et pour arrêter, en donnant le degré d'impulsion convenable.

Changement de main dans la longueur, dans la largeur et diagonal.

Ces différents changements de main s'exécutent suivant les mêmes principes. On se conforme à ce qui est prescrit dans la première leçon pour le changement de main dans la largeur, et, pour la direction à suivre, à ce qui est dit dans l'ordonnance.

Les changements de main s'exécutant bien, le cheval étant conduit avec l'aide du filet, on les fait exécuter avec la bride seulement.

Le cheval étant léger et trottant régulièrement, on fait exécuter les changements de main au trot.

On fait allonger et ralentir le trot d'après les principes indiqués pour passer au trot et repasser au pas, en réglant en conséquence l'action des aides.

Enfin, lorsque l'on est sûr de la légèreté du cheval et de la régularité du trot dans la marche directe et les changements de main, on passe à la marche circulaire.

Marche circulaire.

A l'indication : *En cercle à droite*, déterminer le cheval en cercle, d'après les principes donnés pour le passage du coin, en ayant soin de ne donner à la jambe du dehors que l'action nécessaire pour maintenir les hanches sur le cercle, la jambe du dedans près pour maintenir l'équilibre.

Le cavalier a soin de combiner ses actions de manière à contenir le cheval sur la ligne circulaire ; mais il doit préalablement lui donner une position et une inclinaison relatives à l'étendue du cercle qu'il veut lui faire parcourir.

Les assouplissements ayant donné au cavalier la facilité de faire prendre au cheval toutes les positions possibles, et tout mouvement étant le résultat de la position, le travail en cercle n'est plus une difficulté, et son exécution réclame alors moins de temps.

Changement de main sur le cercle.

Le changement de main sur le cercle s'exécute d'après les principes du changemeut de main dans la largeur, en ayant attention de bien rétablir la direction du cheval avant de lui donner la position opposée.

Le mouvement en cercle à gauche s'exécute suivant les mêmes principes que celui à droite et par les moyens inverses.

Le travail en cercle s'exécutant bien au pas, on le fait répéter au trot.

Le travail s'exécute en faisant prendre d'abord le trot sur la piste et ensuite sur la ligne circulaire.

Pour reprendre la ligne directe, à l'indication : *Marchez large*, redresser progressivement le cheval, et se diriger obliquement sur la piste.

DU TROT.

Passer du pas au trot.

A l'indication : *Préparez-vous pour marcher au trot*, s'assurer si le cheval est léger, la tête bien placée.

A l'indication : *Marchez au trot*, fermer les jambes pour donner l'impulsion nécessaire au mouvement, et de manière à engager d'abord l'allure très-modérément ; la tête toujours placée, la main soutenue pour conserver sa position sans contrarier l'impulsion ; tenir les jambes près pour assurer la régularité de l'allure.

Plus l'allure est vive, plus le cheval a de dispositions à sortir de son équilibre et à retomber dans quelques-unes de ses contractions. Les jambes et la main devront donc redoubler d'habileté, afin de conserver la position et l'impulsion.

Le cheval ayant acquis de la légèreté, de l'aisance et de la confiance, on donnera de la franchise à l'allure.

Pour habituer le cheval à bien trotter, il ne faut pas l'exercer trop longtemps de suite; c'est moins la continuité de l'exercice que la rectitude des procédés qui produit la bonne exécution. Le trot exigeant un grand déplacement de forces, il serait dangereux, pour le jeune cheval, de le prolonger trop longtemps.

Passer du trot au pas.

A l'indication : *Préparez-vous pour marcher au pas*, rapprocher les jambes et soutenir la main.

A l'indication : *Marchez au pas*, augmenter l'effet des jambes, pour empêcher le cheval de s'acculer, et rapprocher la main du corps par degré, pour faire prendre le pas en allongeant un peu.

Il est essentiel de ne pas donner trop d'action à la main, pour ne pas faire refluer les forces sur les parties postérieures; les jambes, dans ce cas, doivent protéger ces parties, et maintenir l'équilibre en arrêtant les forces.

On fait passer le cheval du pas au trot et du trot au pas, aux deux mains, jusqu'à ce qu'il soit bien familiarisé avec cette nouvelle allure, ayant soin, les premières fois, de faire changer de main au pas.

DEUXIÈME PARTIE.

Répétition des assouplissements avec plus d'exigence dans le reculer.

On fait répéter les assouplissements avec plus d'exigence et plus de soins, de manière que le cheval arrive à faire ses flexions aux plus légères impressions et avec une grande facilité.

On exige que le reculer s'exécute avec plus de précision et de légèreté, le cheval marquant bien les temps et faisant plusieurs pas de suite.

Mobilisation des épaules autour des hanches.

La croupe du cheval cédant promptement à la pression des jambes, et le cavalier étant maître de la mobiliser et de l'immobiliser à volonté, on passe à l'assouplissement des épaules.

Le cavalier, ayant une rêne du filet dans chaque main, à l'indication : *Mobilisation des épaules autour des hanches,* déterminer, pour la mobilisation à droite, l'encolure et les épaules à droite, avec la rêne droite ; fermer la jambe gauche pour fixer les hanches ; si elle est insuffisante, la seconder par une légère opposition de la rêne gauche ; fermer la jambe droite, moins en arrière que l'autre, pour donner l'impulsion nécessaire au mouvement.

La jambe gauche doit être placée le plus en arrière possible, et n'agir qu'autant que les hanches se portent sur elle.

Après un ou deux pas sur le côté, arrêter et rendre au cheval.

Recommencer le mouvement et fermer ainsi le cercle pas à pas.

Répéter le mouvement à gauche suivant les mêmes principes et par les moyens inverses.

Si le cheval résiste par la mauvaise disposition de ses forces, qui se trouvent trop concentrées sur l'avant ou sur l'arrière-main, il faut, dans le premier cas, soutenir la main pour les reporter d'avant en arrière, jusqu'à ce que l'on obtienne la légèreté; dans le deuxième cas, augmenter l'effet des jambes, pour reporter les forces en avant et obtenir la mise en main, condition invariable de toute exécution régulière et facile.

Ce travail s'exécutant bien avec le filet, le répéter avec la bride en se conformant, pour son usage, aux principes donnés pour tourner.

RÉPÉTITION DES MOUVEMENTS DE LA
1re PARTIE.

On fait répéter tous les mouvements de la première partie, sauf les assouplissements en place, en exigeant plus de précision et de régularité dans les allures.

Travail au pas sur deux pistes.

Dans cette instruction, toute élémentaire, il ne doit pas être question du *rassembler* de la nouvelle méthode. Cette action touche de trop près à la haute école pour qu'elle puisse être appliquée au cheval de troupe. Cependant, pour l'exécution de beaucoup de mouvements, tels que les pas de côté, il faut donner au cavalier le moyen d'exercer sur son cheval une assez grande puissance ; ainsi, sans aller jusqu'au *rassembler complet*, on se borne aux effets d'ensemble qui n'exigent pas une aussi grande concentration de forces.

Les effets d'ensemble consistent à coordonner les actions de la main et des jambes, de manière à centraliser les forces au point de mettre le cheval à la disposition du cavalier.

Les principes posés, déjà, donnent le moyen d'y parvenir et d'exécuter le travail sur deux pistes.

Ce travail s'exécutera au pas, à une simple indication de l'instructeur et d'abord à l'extrémité du changement de main diagonal, c'est-à-dire, vers les deux tiers de la ligne diagonale, parceque là, le cheval se trouve naturellement disposé au mouvement ; on ne fait d'abord que quelques pas, on augmente progressivement, et enfin le cheval, répondant sans résistance aux aides, on finit par lui faire parcourir, en appuyant, toute l'étendue de la diagonale. Le cheval exécute ce mouvement en avançant et parallèlement aux grands côtés.

Pour appuyer à droite, s'assurer si le cheval est dans la main, si l'encolure, les épaules et les hanches sont sur la même ligne ; augmenter la pression des deux jambes, afin de porter les forces dans la main, qui s'en empare au profit de la nouvelle position qu'elle donne ; porter cette main légèrement à droite pour déterminer les épaules du même côté, et faire primer la jambe gauche pour faire suivre les hanches ; la jambe droite près pour les recevoir et les contenir.

Pour cesser d'appuyer, diminuer l'action de la main et de la jambe qui provoque le mouvement et augmenter celle de la jambe opposée.

3.

Pour appuyer à gauche, mêmes principes et moyens inverses.

Le cheval doit travailler avec la même régularité aux deux mains. Il faut, par conséquent, l'exercer plus fréquemment du côté vers lequel il présente le plus de résistance.

Il est essentiel de bien fixer la position du cheval et de répartir ses forces de manière qu'il reste léger, d'aplomb, et que les extrémités, qui doivent chevaucher, fonctionnent aisément et sans précipitation.

La position de la tête du cheval sert au cavalier pour régler la marche des épaules. Les jambes fonctionnent pour conserver l'équilibre du cheval et entretenir l'harmonie et la régularité d'action dans l'avant et l'arrière-main ; ainsi, si la jambe gauche pousse la masse à droite, la jambe droite l'enlève, modère l'action de la jambe gauche, maintient le cheval dans la main, l'empêche de reculer ou le porte en avant, régularise, enfin, le passage d'une jambe sur l'autre.

Ce travail s'exécute d'abord avec le filet, puis avec la bride ; la main agit de gauche à droite ou de droite à gauche pour déterminer l'avant-main.

TROISIÈME LEÇON.

PREMIÈRE PARTIE.

Continuation des assouplissements en place.
Répétition des mouvements principaux de la deuxième leçon.
Travail sur deux pistes, en partant de pied ferme et arrêter.
Travail au galop sur la ligne droite.
Changement de pied.

DEUXIÈME PARTIE.

Travail au galop en cercle.
Changement de main sur le cercle.
Travail en reprise par des indications.
Saut du fossé.
Saut de la barrière.

PREMIÈRE PARTIE.

La réunion a lieu comme dans la leçon précédente. On continue les assouplissements en place pour parfaire ce travail qui ne dure que quelques instants.

On peut même se borner aux flexions les plus importantes et à la mise en main pour préluder au travail en marchant.

RÉPÉTITION DES MOUVEMENTS PRINCIPAUX DE LA 2ᵉ LEÇON.

On fait répéter les mouvements que l'on croit nécessaires à l'instruction du cheval ; on y ajoute le départ de pied ferme au trot et l'arrêt en marchant à cette allure.

Travail sur deux pistes en partant de pied ferme, et arrêter.

Ce travail s'exécute d'après les principes qui ont été donnés pour appuyer en marchant.

Travail au galop sur la ligne droite.

Pour faire partir le cheval au galop sur le pied droit.

Les cavaliers marchant sur la ligne droite, à l'indication : *Préparez-vous pour partir au galop*, augmenter l'action du cheval par l'effet des jambes, sans changer la vitesse ; s'emparer de cette action avec la main pour faire refluer le poids sur les hanches, et porter la main un peu à gauche, pour alléger la partie droite.

A l'indication : *Partez au galop*, augmenter l'action de la jambe gauche pour faire partir le cheval au galop, en soutenant de la jambe droite pour l'empêcher de se traverser.

Si une contraction quelconque d'une partie du cheval, et que l'on ne peut instantanément combattre, le force à partir faux, il faut passer au pas et au trot et recommencer le mouvement.

Règle générale : il faut toujours combiner les forces de manière à donner une bonne position, d'où dépend la régularité du mouvement.

On sait que toutes les contractions réagissent sur l'encolure et que la raideur de celle-ci s'oppose à la bonne exécution du mouvement ; or, si au moment du départ le cheval raidit une de ses extrémités ou son encolure, l'appui de l'une ou l'autre jambe, et même des deux, devient nul. Il faut donc, avant tout et comme toujours, annuler les résistances et rechercher la souplesse et la légèreté, qui peuvent seules faciliter la bonne exécution.

Les changements de direction, c'est-à-dire le passage

du coin, s'opère comme au pas et au trot, le cavalier ayant soin de ne pas forcer l'inclinaison du cheval.

Si le cheval précipite son allure, le cavalier ralentit par les moyens indiqués dans le même cas pour les autres allures.

Il en est de même pour faire passer le cheval du galop au trot ou au pas, aux indications : *Préparez-vous pour marcher au trot* (ou *au pas*) ; *Marchez au trot* (ou *au pas*).

Afin de mettre une progression convenable dans le travail au galop, on fait d'abord partir le cheval au galop étant au trot, puis étant au pas ; enfin, de pied ferme.

Pour faire partir le cheval au galop sur le pied gauche, le mouvement s'exécute suivant les mêmes principes et par les moyens inverses.

Les premières fois, on doit se contenter de quelques temps de galop, et ne continuer cette allure que lorsque les chevaux sont bien dans la main, légers et d'aplomb.

Lorsque les chevaux sont habitués à partir au galop à droite étant à main droite, et à gauche étant à main gauche, on les exerce à partir indistinctement sur l'un ou l'autre pied à la même main ; et lorsque ces différents départs s'exécutent avec facilité et très-rapprochés l'un de l'autre, on passe au changement de pied en l'air.

Changement de pied.

Le cheval galoppant à droite, pour changer de pied, fermer la jambe droite et porter la main à droite pour combattre les forces qui primaient dans le galop à droite et les transmettre à gauche.

Avant d'avoir appris au cheval à changer de pied, on ne doit faire que de simples doublés au galop, et on fait passer au trot ou au pas pour changer de main. Mais lorsque le changement de pied en l'air s'exécute correctement, on fait changer de main au galop.

Cette instruction doit être donnée avec beaucoup de ménagements et de soins; il ne faut en faire qu'une application judicieuse et réservée. Elle ne trouve place ici que parce que l'on admet que les chevaux neufs seront toujours confiés à des cavaliers instruits et intelligents.

DEUXIÈME PARTIE.

On peut commencer cette deuxième partie par la répétition de quelques mouvements de la première, à l'une ou à l'autre allure.

Travail au galop en cercle.

Les cavaliers marchant au galop à main droite sur la piste ou sur la ligne droite.

A l'indication : *En cercle à droite*, déterminer le cheval sur la ligne circulaire avec la rêne droite (ou en portant la main à droite) ; fermer la jambe gauche un peu en arrière pour contenir les hanches ; la jambe droite près pour ployer le cheval et, d'accord avec la main, le tenir plus ou moins incliné, suivant la ligne qu'il parcourt.

Le mouvement en cercle à gauche s'exécute suivant les mêmes principes que celui à droite et par les moyens inverses.

Changement de main sur le cercle.

Le changement de main au galop sur le cercle s'exé-cute suivant les principes donnés ; le changement de pied s'opérant au milieu du cercle par les mêmes moyens que le changement de pied sur la ligne droite.

Le cavalier a l'attention, dans le changement de pied, de ne pas jeter brusquement le cheval de droite à gauche ou de gauche à droite, en forçant l'inclinaison ; mais de le faire passer par la ligne droite sur laquelle il fera son changement de pied après avoir donné la position ; ayant soin de changer ou alléger graduelle-ment les parties qui doivent l'être.

Pour reprendre la ligne directe, à l'indication : *Marchez large*, quitter le cercle par les moyens in-verses à ceux employés pour le prendre.

Pour faire partir au galop sur le cercle, on se con-forme aux principes indiqués pour le départ sur la ligne droite, en combinant cependant l'action des aides, de manière à maintenir le cheval sur la ligne circulaire.

Nota. Il est bien entendu que tout le travail de cette leçon, comme celui de la deuxième, est un travail purement individuel.

Travail en reprise par des indications.

Dans ce travail, qui a pour but de préparer les che-vaux à l'ensemble, on exécute, aux trois allures, les mouvements principaux de la deuxième leçon de l'or-donnance, en substituant aux commandements de simples indications.

On peut travailler en reprise simple, puis en reprise double.

Les chevaux, placés d'abord sur la même ligne, à trois mètres l'un de l'autre, sont rapprochés par degré jusqu'à ce que les cavaliers se trouvent botte à botte.

On les habituera ainsi à quitter le rang, à s'éloigner et se rapprocher sans hésitation.

Saut du fossé et de la barrière.

Pour sauter un fossé, le cavalier doit, comme dans tous les cas, maîtriser les forces instinctives du cheval et leur donner une bonne direction, pour faciliter l'élévation et la franchise de l'élan ; conduire, sans hésitation, le cheval sur l'obstacle, la main dans sa position habituelle, les rênes légèrement tendues, de manière à sentir la bouche du cheval, pour juger des effets d'impulsion ; si le cheval se présente avec la même franchise d'allure, fermer énergiquement les jambes pour lui faire franchir l'obstacle. Dès que le cheval s'enlève, cesser l'effet de la main, et la soutenir de nouveau lorsque le devant pose à terre ; donner ensuite la liberté au cheval, en le portant en avant à la même allure.

Avant de se préparer à sauter, le cavalier doit se soutenir, avec assez d'énergie, pour que son corps ne précède pas le mouvement du cheval ; ses reins doivent être souples, ses fesses bien fixées sur la selle, pour qu'il n'éprouve pas de réactions violentes ; ses cuisses et ses jambes, enveloppant le corps du cheval, lui donnent une puissance toujours opportune et infaillible.

Il ne faut jamais, en cas d'hésitation ou résistance, recourir aux moyens violents, ni exciter le cheval par des cris. On doit attendre, pour faire sauter un cheval, qu'il réponde franchement aux jambes et à l'éperon, afin d'avoir toujours un moyen sûr de domination.

Le fossé est d'abord étroit ; on augmente progressive-ment sa largeur, à mesure que le cheval se familiarise avec cet exercice.

La barrière reste par terre jusqu'à ce que le cheval la passe sans hésitation ; on l'élève ensuite de quelques pouces, augmentant progressivement la hauteur, jus-qu'au point où le cheval est en état de franchir sans de violents efforts.

Les sauts doivent être en harmonie avec les ressources du cheval. On ne doit pas le contraindre à franchir des obstacles au-dessus de ses forces, pour ne pas le rebuter et lui faire craindre, par la suite, des distances ou des hauteurs inférieures à celles que, dans le principe, il sautait aisément.

On fait sauter progressivement à toutes les allures, d'abord avec le filet, puis avec la bride seule, les che-vaux isolés en file et de toutes manières.

Un cheval présenté au fossé et à la barrière ne doit jamais rentrer sans avoir sauté.

QUATRIÈME LEÇON.

PREMIÈRE PARTIE.

Travail de la troisième leçon avec le sabre seulement.
Même travail avec toutes les armes.
Habituer les chevaux au bruit de guerre.

DEUXIÈME PARTIE.

Réunion de jeunes chevaux en peloton.

PREMIÈRE PARTIE.

On réunit les cavaliers au nombre de vingt-quatre, comme pour la troisième leçon ; ils ont le sabre. Ils montent à cheval en prenant les précautions nécessaires pour que les chevaux ne soient pas effrayés par le sabre, et commencent à s'y habituer.

On fait exécuter progressivement le travail de la troisième leçon, en retranchant les mouvements qui deviendraient inutiles.

Lorsque les cavaliers prennent toutes les armes, ils se conforment, pour monter à cheval et mettre pied à terre, aux principes de l'ordonnance, en exécutant, avec plus ou moins de précision, suivant les dispositions du cheval.

L'instruction du cheval étant l'objet essentiel de ce travail, on s'attache à le familiariser avec la présence, le bruit et le maniement des armes, d'abord de pied ferme, ensuite en marchant (toujours par des indications) ; on ne passe aux allures vives qu'avec précaution et ménagement.

Le travail ayant été exécuté les chevaux en selle nue, on le répète les chevaux chargés.

Habituer les chevaux au bruit de guerre.

On se conforme, pour cet exercice, à ce qui est prescrit dans l'ordonnance, Art. viii des bases de l'instruction.

L'instructeur peut, dès la fin de la troisième leçon, tirer quelques coups de pistolet, avec une petite charge, pour préparer les chevaux à entendre progressivement les plus fortes détonations.

DEUXIÈME PARTIE.

Réunion des jeunes chevaux en peloton.

A cette partie de la leçon, on rentre, pour le travail, dans le domaine purement militaire. On fait exécuter d'abord les principaux mouvements de la troisième leçon à cheval, ensuite de la quatrième ; enfin, de l'école du peloton de l'ordonnance, en se conformant à ce qui est dit aux bases de l'instruction , Art. VIII. —

LUNÉVILLE, IMPRIMERIE DE PIGNATEL.

www.ingramcontent.com/pod-product-compliance
Lightning Source LLC
LaVergne TN
LVHW021752060726
842528LV00003B/912